KB212437

고린도후서

황원찬 지음

하나님의 사람을  만들어 가는

고린도후서

초판1쇄	2023년 6월 13일
지은이	황원찬
펴낸이	이규종
펴낸곳	엘맨출판사
등록번호	제13-1562호(1985.10.29.)
등록된곳	서울시 마포구 토정로 222
	한국출판콘텐츠센터 422-3
전화	(02) 323-4060, 6401-7004
팩스	(02) 323-6416
이메일	elman1985@hanmail.net
	www.elman.kr
ISBN	978-89-5515-065-0 03230

값 12,000 원

2 Corinthians

머리말

고린도후서는 바울의 자서전이라고 불리는 서신입니다. 이 서신을 통하여 바울은 자신의 사도권에 대한 변호와 사도로서 소명과 권위를 분명하게 하며 동시에 성도들을 양육시키며 지도해야 할 의무가 사도에게 있다는 것을 규정해주고 있습니다. 고린도는 로마 식민지 행정 수도로 바울이 2차 전도여행 기간에 세운 교회가 고린도 교회입니다. 고린도전서에 이어 바울은 계속하여 고린도 교회 내에서 거짓 가르침에 악영향을 받는 것에서 시정시켜줍니다. 바울은 첫째, 바울의 사도권이 정당하다는 것을 바울을 무시하고 사도권을 부인하는 자들에게 반론합니다. 둘째, 고린도 교회가 순수한 복음의 관계를 회복하여 바른 복음의 가르침이 정상화되기를 바랍니다. 셋째, 예루살렘 교회가 극한 가뭄으로 인하여 어려움을 당하는 것을 외면하지 말고 연보를 부탁합니다. 바울은 자신이 세운 교회 안에 분규와 거짓교사, 거짓 그리스도의 가르침을 염려합니다. 또한, 여전히 세속적 문화와 헬라 철학의 영향으로 영적 생활이 침체되어 교회 내에서 더 이상 방관할 수 없는 상황을 진정시킵니다. 다행히 바울의 2편의 서신(고린도 전, 후서)을 통하여 교회와 성도들에게 변화가 생기고 있음을 디도를 통하여 전달을 받습니다. 바울의 기쁨이며 감사입니다. 본 요약 강해서는 고린도전서와 같이 화양동교회 새벽 제단에서 5~7분 설교한 내용을 원고로 구성하였습니다. 비가 오나 눈이 오나 추우나 더우나 더욱이 코로나 전염병이 창궐한 가운데서 함께 새벽 제단을 지키시며 그루터기 새벽 제단에 기도 불을 꺼지지 않게 새벽을 깨우신 성도님들께 감사를 드립니다.

화양동 서재에서

황원찬

목차

하나님 찬송

고린도후서 1:3-7

바울은 자신이 예수 그리스도로 말미암아 '사도'됨을 밝히고 있습니다. 비록, 그는 예수 그리스도에 의해 택함을 받은 열두 제자 중 한 사람은 아니었으나 바울이 회심할 때에 주신 특별한 계시에 근거하여 열두 제자와 동등한 사도라 주장합니다. 고린도 교회 안에 바울의 사도권을 의심하고 부인하는 성도들이 있습니다. 이러한 교회 안에 분란과 분쟁을 일으키고 동조한 사람들에게까지 바울의 사도권은 하나님께로부터 온 것임을(갈 1:1) 확신하면서 하나님을 찬송합니다. 바울이 하나님을 찬송함은 무슨 의미가 있을까요?

자비의 아버지이시기 때문입니다.

3절 "찬송하리로다 그는 우리 주 예수 그리스도의 하나님이시요 자비의 아버지시요…" '찬송'은 헬라어 '유로게토스'로 사용되는데 구약에 사용된 히브리어 '바라크'의 찬양하다와 같은 의미입니다. '바라크'는 회당 예배에 사용되는 열여덟 개의 축복문에 눈에 띄게 나타납니다. 곧, 하나님만을 찬양합니다의 축복문입니다. 바울은 이런 의미에서 하나님을 찬송하는 것입니다. 먼저 하나님 찬송은 자비의 아버지이시기 때문입니다. "자비의 아버지" 이 문구는 유대 회당에서 널리 사용했던 기도문 형식의 표현입니다. 즉, 유대인들은 그들의 신앙을 고백할 때에 "오! 우리의 아버지, 자비로우신 아버지여"라는 말로 시작합니다. 이처럼 유대인들이 보편적으로 사용한 이 표현은 하나님의 속성을 나타내는 것으로 하나님은 자비의 창조자요 근원이심을 의미하는 것입니다. 이는 바울뿐만 아니라 모든 믿는 자들의 찬송의 내용이며 기도의 내용임을 보여줍니다.

위로의 아버지이시기 때문입니다.

4절 "우리의 모든 환난 중에서 우리를 위로하사..." 위로는 헬라어 '파라클레세오스'로 단지 심리적 위로에서 그치는 것이 아니라 실제 외부적 환난으로부터 구해냄을 받는 것을 포함합니다. 사실, 바울은 그의 사역에서 숱한 시련과 환난을 받는 여정이었습니다. 이러한 여러 환난 중에서 하나님은 피할 길을 주시고 사람을 통하여 천사를 통하여 구원하신 것입니다. 바울은 다 하나님의 구원이었음을 찬송합니다. 바울의 이러한 신앙과 찬송은 자신뿐만 아니라 본 서를 읽는 전체 그리스도인을 가리킵니다. 모든 그리스도인들은 크고 작은 시련과 환난을 끊임없이 당하게 됩니다. 그러나 하나님께서는 믿는 자들을 환난 중에 방치하지 않으시며 구하여 내심이 바울의 체험입니다. 더욱이 환난을 통한 중요한 목적은 금보다 더 귀한 믿음을 주시기 위한 뜻이 있음으로 하나님을 찬송함이라고 합니다. 뿐만 아니라 환난 당하는 다른 사람을 위로할 수 있는 능력을 배양시켜 주기 위함이라는 것입니다.

고난을 견디게 하심입니다.

6절 "... 고난을 너희도 견디게 하느니라" 바울은 인생의 모든 고난은 자신의 힘과 능력으로는 버티고 나아갈 수 없다고 합니다. 고난을 이기게 하시는 이는 하나님이 되심을 찬송합니다. 더욱이 복음을 위해 수고하다가 당하는 고난은 그리스도의 남은 고난을 함께 당하는 것이며 하나님께서 능히 고난을 견디도록 더 귀한 믿음을 주심입니다. 세상에 모든 고난은 그리스도께서 당하신 고난과 다 연관성이 있다고 할 수 없습니다. 그리스도의 고난은 자신의 잘못에서 비롯된 것이 아니라 무고한 고난이며 그 고난의 결과 다른 사람에게 유익을 주는 "메시아적 고난"이 되는 것입니다. 바울은 주님의 고난은 주를 섬기는 믿는 자들에게는 누구든지 필연적인 것이라 말합니다. 또한, 이 고난을 받으며 살아가는 복음의 종들에게는 금보다 더 귀한 믿음을 주시며 고난을 이길 수 있도록 위로해 주시는 것입니다. 서양 속담에 "No Cross, No Croun" 고난이 없이는 면류관이 없다는 말입니다.

아시아에서 환난

고린도후서 1:8-11

바울은 좀 더 자신이 경험한 환난에 대하여 언급합니다. 곧, 아시아에서 당했던 환난입니다. 여기서 아시아는(8절) 구체적으로 어디인가 하는 것과 어떤 종류인가의 문제입니다. 학자들은 대체로 '아시아'는 에베소로 보고 있습니다. 바울이 3차 전도여행이 시작되고 에베소에서 복음을 전하게 되었고 그곳에서 큰 시련을 당하게 됩니다. 곧, 은장색 데모드리오라는 상인이 사람들을 선동하여 바울을 박해하게 된 것입니다. 데모드리오는 은을 녹여 아데미 신상 모형을 만들어 큰 수입을 얻는 상인입니다. 행 19:26절에 이때 바울의 복음은 "사람의 손으로 만든 것들은 신이 아니라..."라고 전파하였고 적지 않은 사람들과 심지어 마술사들까지 개종

함으로 자연히 우상숭배의 악습이 점차 폐지되어 은 세공업자들의 수입이 줄어들게 되었습니다. 그래서 은장색 조합의 우두머리는 바울에 대항하여 소동을 일으켰고 이러한 일로 바울의 생명까지 위태롭게 되었던 것입니다. 학자들 중에서 바울은 이곳에서 매를 맞아 거의 죽게 되었음을 제시합니다. 그러나 환난 중에서도 바울은 하나님의 목적이 있다고 합니다.

절망 중에 소망을 주심이라 합니다.

8절 "힘에 겹도록 심한 고난을 당하여 살 소망까지 끊어지고..." 바울은 그의 생명을 노리는 수많은 대적들로부터 여러 차례 시련을 겪었습니다. 그가 당한 고난은 극심했습니다. 마치 마음의 사형 선고를 받은 것 같이 절망적이었습니다. 이 사실은 일부 고린도 교인들도 사도의 시련이 생명을 위태롭게 한다는 것을 알고 있었습니다. 고전 15:32절 바울은 에베소에서 사람의 방법으로 맹수(대적자들)와 싸웠다면 그것은 지극히 어리석은 것입니다. 그만큼 에베소에서 당한 환난이 가혹하였고 그 절망 가운데서 하나님은 바울에게 살 길을 열어주셨다고 바울은 말합니다. 나무를 많이 실은 배가 무게를 견디지 못하여 가라앉듯이 바울에게 가해자들이 주는 고난의 무게는 힘으로 견뎌내기 어려운 혹심(견디기 어려운)이었습니다. 이는 마침내 절망적 상태에까지 이르게 된 것입니다.

오직 하나님만 의지해야 하는 목적이 있었습니다.

9절 "이는 우리로 자기를 의지하지 말고 오직 죽은 자를 다시 살리시는 하나님만 의지하게 하심이라" 바울의 시련은 마치 사형 선고를 받은 것 같이 심각하며 절망적이었습니다. 사람은 정신적, 육체적으로 극한 막다른 상황이 오면 공황장애가 옵니다. 물론, 바울은 로마 시민권자였으므로 검투사들이 싸우는 원형 경기장에 들어가는 판결은 받을 수 없습니다. 그렇지만 바울도 사람이므로 육체적, 정신적으로 극한 불안과 두려움이 있었습니다. 곧, 자기를 의지하지 말고 오직 하나님만 의지해야 한다는 것입니다. 바울은 인간의 구원은 더 이상 자기 자신으로부터 기대할 수 없음을 시인하는 고백입니다. 인간의 한계 상황인 죽음으로부터와 내가 사는 생활 중에서의 구원은 오직 하나님께 있음을 통감합니다.

구원은 하나님께 있습니다.

10절 "큰 사망에서 우리를 건지셨고 또 건지실 것이며..." 바울이 거듭하여 말하는 것은 인간의 구원은 오직 하나님께 있다는 구원의 은총론을 증거 합니다. 바울의 이러한 구원의 은총론은 개혁자들 신앙에도 절대적인 영향을 끼쳤습니다. "큰 사망"은 헬러어 "델리쿠투 디나투"로 어려운 죽을 고비를 뜻합니다. 이는 과거 죽음의 위협으로부터와 현재와 미래에 있을 환난에서의 구원은 변함없이 하나님께만 있음에 신앙의 눈을 뜨게 되었음을 시사합니다. 바울은 자신의 경험적 신앙으로부터 고린도 교회의 교인들을 위로할 수 있었고 철저히 하나님만을 의지하라는 교훈은 오늘날 우리 성도에게도 동일하게 주시는 교훈이라 할 수 있습니다. 하나님은 자신을 의지하는 자들을 구원하시고 시간과 횟수의 제한 없이 영원히 보살피심입니다. 자신에 대한 신뢰가 하나님을 향한 민음이 될 때 비로소 하나님의 구원을 체험한다는 중요한 사실은 틀림없습니다.

아멘

고린도후서 1:18-20

아멘은 히브리어 "아흐-멘"에서 비롯된 것으로 동의와 응답의 표현입니다. 무엇보다 기독교 예배 중 기도나 찬송 또는 설교의 끝에 "주의 뜻이 이루어 지기를 믿습니다"의 뜻으로 하는 예배 요소입니다. 이는 신약성경의 헬라어 '아멘'과도 동일한 뜻입니다. 영어는 "so be it"으로 "진실하게, 신뢰할 수 있는"의 뜻입니다. 곧, 아멘은 예배 중 하나님에 대하여 믿음의 응답적 행위인 것입니다. 곧, 아멘이 예배요, 기도이며 찬송입니다. 또한, 말씀에 대한 믿음의 응답이요 화답입니다. 아멘의 의미는 무엇입니까?

하나님의 신실하심이 아멘입니다.

18절 "하나님은 미쁘시다 우리가 너희에게 한 말은 예 하고 아니라 함이 없노라" 바울은 고린도 교회 교인들에게 하나님은 신실한 분이시라고 말합니다. 왜냐하면 바울은 자신을 다메섹에서 택한 자로 부르시고 그 후 복음사역을 수행할 수 있도록 매사 하나님의 종으로 붙들어 주심이 변함없으신 신실함으로 일관해 주심이라고 합니다. 하나님은 미쁘시니라의 '미쁘심'은 헬라어 '피스토스' 단어로 "신실하다"의 뜻입니다. 신실함은 구약에서는 하나님의 속정을 반영하는 하나님의 명칭이 기도합니다. 바울은 이 내용을 고린도 교회 교인들에게 전달하며 지금까지 전한 복음은 '예'하고 '아니라' 함이 없는 것이라고 합니다. 즉, 하나님 신실하심이 아멘이며 동시에 복음의 선포도 아멘입니다.

예수님도 아멘입니다.

19절 "… 그에게는 예만 되었느니라" 바울의 2차 전도여행 기간에 함께 사역에 동역하였던 사람들은 실루아노와 디모데였습니다. 실루아노는 로마식으로 '실라'입니다. 이들 세 사람은 고린도에서 1년 6개월을 머물면서 교회를 세우고 세례를 베풀었습니다.(행 18:7-11) 이 세 사람의 삼중 증거에 의해서 전해진 예수 그리스도는 '예'만 되었다고 했습니다. 이는 그리스도 안에서 이루어진 하나님의 구속의 뜻은 영원한 현실로써 동일한 효력을 나타냄을 보여줍니다.

사도들도 아멘입니다.

20절 "그로 말미암아 우리가 아멘 하여 하나님께 영광을 돌리게 되느니라" 하나님께서는 구원의 영원한 계획을 구약의 선지자들로 통하여 예언하게 하시고 그리스도를 통하여 구원의 약속을 성취하게 하신 것입니다. 바울과 사도들은 이 약속에 대해서 '예'가 된다고 한 것입니다. 우리가 '아멘' 하여 하나님께 영광을 돌린다고 사도들은 찬송합니다. '아멘'은 "진실로 그렇습니다"의 뜻으로 개혁 기독교회에서 예배 시 사용되었던 예배 요소였습니다. 시 41:13 "이스라엘의 하나님 여호와를 영원부터 영원까지 송축할지로다 아멘 아멘"하였습니다. 즉, 아멘은 구약과 신약, 오늘날 필연적인 예배 요소이며 아멘의 화답은 하나님께 영광을 돌리게 되는 중요한 믿음의 응답적 행위가 되는 것입니다. 또한, 아멘은 하나님을 찬양하는 의미도 있습니다. 이처럼 아멘은 예배 중 중요한 요소이며 또한 성도들의 '아멘'은 계시된 말씀에 순종하는 믿음의 응답적 순종을 표시하는 것으로 이러한 믿음은 하나님을 영화롭게 하는 것이 됩니다. 바울의 헌신적인 사도직 수행도 아멘이라고 할 수 있습니다.

그리스도의 향기

고린도후서 2:12-17

바울은 그리스도인을 향기로 비유합니다. 왜? 향기로 비유할까요? 로마 황제가 로마군이 개선할 때에 길가에 향을 피워 승리를 기념했습니다. 바울은 구원받은 모든 그리스도인들은 복음의 향기로써 각처에 복음이 나타내는 도구라 합니다. 구약에서 향기는 희생제사를 하나님께 드릴 때 하나님이 받으시는 온전한 제사가 된 것입니다. 레위기 1:9, 13, 17에 "그 제단 위에서 불살라 번제를 드릴지니 이는 화제라 여호와께 향기로운 냄새니라" 화제는 "불로 태워서 드리는 제사"(offering by fire)를 가리키는데 이것은 제사의 종류가 아니라 모든 제사를 드리는 방법입니다. 그리스도인의 향기가 무엇일까요?

그리스도를 나타냄입니다.

14절 "우리로 말미암아 각처에서 그리스도를 아는 냄새를 나타내시는..." 주님은 인류 대속사역을 위해서 십자가에서 죽으셨습니다. 이는 희생제사에 자신의 몸을 제물로 드리신 것입니다. 엡 5:2 "그는 우리를 위하여 자신을 버리사 향기로운 제물과... 하나님께 드리셨느니라" 우리 그리스도인들도 나 자신을 버릴 때 주님의 향기가 나타납니다. 곧, 옛사람, 옛 생활을 부인하고 성령 감화받는 새 마음, 새 사람으로 변화받아서 사는 영적 생활입니다. 바울은 날마다 옛사람은 죽노라 했습니다.(고전 15:30) 이 말은 하루에도 몇 번의 생명의 위협을 당하나 주님을 위해 위험을 감수하는 생활로 주를 섬기라는 뜻입니다.

복음을 전파함이 향기입니다.

15절 "우리는... 하나님 앞에서 그리스도의 향기니..." 바울은 복음이야말로 세상에 향기라 합니다. 복음 곧, '향기'는 좋은 소식이며 죽어가는 자들은 살리는 생명입니다. 그래서 바울은 때를 얻든지 못 얻든지 항상 복음을 전하라고 하였습니다.(딤후 4:20) 또한, 자신도 복음 전도자로 사는 것은 필연적 임무라고 합니다. 고전 9:16 "내가 복음을 전할지라도 자랑할 것이 없음은 내가 부득불 할 일임이라 내가 복음을 전하지 아니하면 내게 화가 있을 것이로다" 바울이 살고 있던 당시는 노예제도가 있던 고대 사회입니다. 노예들은 자신들의 임무를 완수하여도 어떠한 보상을 기대할 수 없음이 당연한 일입니다. 다만 그들이 임무를 완수하지 못했을 경우에는 엄한 처벌이 있을 따름입니다. 바울은 이러한 심정으로 헌신함을 전합니다.

생명을 살리는 향기이기 때문입니다.

16절 "저 사람에게는 생명으로부터 생명에 이르게 하는 냄새라..." 그리스도인이 복음의 중매쟁이가 되었다는 것은 생명을 살리는 자들이 된 것입니다. 물론, 어떤 자들은 복음을 거부하고 영접하지 않습니다. 반면 복음을 영접하는 자들은 구원을 얻는 것입니다. 단, 그리스도인들은 묵묵히 복음의 향기를 나타내는 임무가 있습니다. 이는 복음전파가 두 가지 결과를 가져옵니다. 복음의 하나의 향기는 어떤 사람에게는 죽음의 악취가 되지만 어떤 사람에게는 생명의 향기가 됩니다. 주님의 죽음이 평범한 한 인간의 죽음이 아니라 인류 대속의 죽음이며 또한, 나의 개인의 죄와 형벌을 탕감하기 위한 것으로 고백하면 죽음이 끝이 아니라 부활과 영원한 생명을 얻는 은총을 얻게 됩니다. 이처럼 복음의 향기는 죽어가는 영혼을 살리는 생명의 향기입니다.

없어진 수건

고린도후서 3:12-18

수건은 무엇을 의미하게 하는가를 생각하게 합니다. 바울이 말하는 수건은 모세가 시내산에서 40일을 주야로 있으면서 십계명을 받아 내려올 때 얼굴에 광채가 났습니다. 모세가 40일은 세상과 단절하고 하나님과 교제에 집중했는데 그 결과 거룩함이 빛나는 성화적 얼굴로 나타난 것입니다. 그 광경을 본 이스라엘 백성들은 두려움이 생겼습니다. 곧, 모세를 하나님으로 본 것입니다. 그래서 모세는 출 34:33절 "수건으로 자기 얼굴을 가렸더라"라고 합니다. 바울은 이 수건에 대해 다음과 같이 말합니다.

모세를 우상화하지 못하도록 하기 위함입니다.

13절 "... 이스라엘 자손들에게 장차 없어질 것을 주목하지 못하게 하려고..." 모세가 시내산에서 주야로 40일 동안 있으면서 세상과 격리하였고 두 돌비를 받는 시간을 가졌습니다. 곧, 신비로운 세계에서 큰 은혜를 체험하여 신령하게 된 것입니다. 그 신령한 은혜는 모세의 얼굴에 광채가 빛난 것으로 나타난 것입니다. 이스라엘 백성들은 산에서 내려오는 신령한 모세의 얼굴만을 보고 그를 하나님과 같이 보았고 두 돌비와 돌비를 주신 하나님은 볼 수 없었습니다. 인간은 눈에 보이는 것에 흔들립니다. 더 나아가 모세를 우상화하게 될 것이 예상되었으므로 이 현혹에 빠지지 못하게 얼굴에 수건을 쓴 것입니다. 모세가 시내산에서 내려올 때 두 돌비 언약의 말씀이 있었습니다. 그러나 모세 얼굴의 광채가 빛이 남으로 그곳에만 주목하고 경외심을 갖으려 함은 지극히 인본주의 발상입니다. 이를 방지하기 위해서 모세는 수건을 얼굴에 쓴 것입니다. 성도들은 오직 구속사역을 성취하신 주님 안에 늘 거해야만 합니다. 구약과 신약의 언약은 오직 주님을 통하여 이루어질 구속사의 말씀입니다.

지금은 예수님 안에서 없어진 수건입니다.

14절 "… 그 수건은 그리스도 안에서 없어질 것이라" 믿는 교인이라 할지라도 지도자의 외형, 교회의 외형을 보고 영향을 받습니다. 그러나 주님 외의 신앙은 죽은 신앙입니다. 지난날 모세가 쓰던 수건은 예수님 안에서 없어졌습니다. 오늘날 이단교주, 신비주의자들, 유명세 있는 목회자들의 영웅주의에 현혹되어 겉 외형을 따르는 현상은 예수님이 계시지 않는 허상일 뿐입니다. 이 허상적 현상은 여전히 가톨릭 교회 미사 중에 교인들이 얼굴을 가리는 것과 이슬람교도의 히잡을 쓰는 것도 구약의 율법 의식에 준한다고는 하나 실제적으로 비성경, 비복음적인 것입니다. 바울은 이러한 비복음적인 형식은 그리스도 안에서 없어진 것입니다. 예배 중 유대인들이 눈을 감싸고 있는 수건은 그들로 하여금 영적 맹인 상태에 머물게 하는 것이었으나 오직 주님 안에서 벗어질 수 있게 된 것입니다.

복음은 수건을 벗게 했습니다.

17절에 "주는 영이시니 주의 영이 계신 곳에는 자유함이 있느니라"라고 합니다. 바울은 '의문'과 '영', "옛 언약"과 "새 언약", '율법'과 '복음'을 대조하면서 후자의 우월성을 강조합니다. 곧, 구약과 율법은 오직 새 언약의 예수님을 통한 구속사 관점을 두는 것입니다. 이렇게 볼 때 그리스도께서 빛과 생명의 원천이시므로 주님이 사망에서 생명으로 옮긴 바 되는 구속사의 증거가 됩니다. 이에 대하여 18절 "우리가 다 수건을 벗는 얼굴로 거울을 보는 것 같이 주의 영광을 보매..." 곧, 복음은 성도들이 수건에 덮인 마음과 얼굴을 벗게 하여 그리스도의 영광에 이르는 은혜를 얻게 됨을 증거합니다. 왜냐하면 복음은 성령의 능력을 나타냄으로써 자유함을 얻게 하며 하늘의 소망을 누리게 합니다.

복음의 내용

고린도후서 4:1-6

바울은 복음 직분을 맡은 자로서 낙심하지 않는다고 합니다. 왜냐하면 복음만이 모든 사람에게 희망이며 생명이 되기 때문입니다. 주 예수의 복음 외에는 세상의 신은 사람을 미혹하게 하는 허상이기 때문입니다. 바울은 복음의 내용에 대하여 다음과 같이 말합니다.

그리스도는 하나님의 형상이라고 합니다.

4절 "그리스도는 하나님의 형상이니라" 바울은 주님은 태초에 창조 때에도 하나님과 동등하신 분으로 염두에 두고 있습니다. 본 절에 '형상'은 헬라어 '에어콘'으로 원형 그대로 그린 초상을 뜻합니다. 곧, 그리스도가 보이지 않는 하나님을 보이는 초상(형상)으로 하나님과 동일한 인격과 성품을 지니신 분임을 말해줍니다. 이는 그리스도를 거부하는 것은 그를 보내신 하나님을 거부하는 것과 같다는 것입니다.

예수는 우리 주입니다.

5절 "오직 그리스도 예수의 주 되신 것과..." 바울이 다메섹 회심 후에 복음의 빚진 자로 사명은 오직 예수님 '주'라는 것을 선포하는 것임을 분명하게 인식하고 있었습니다. 이 복음의 내용을 위하여 평생 빚진 자라는 채무감을 갖고 산 것입니다. 그의 확신은 복음만이 모든 사람들에게 구원이라는 사실에 복음을 부끄러워하지 않습니다. 롬 1:16 "내가 복음을 부끄러워하지 아니하노니 이 복음은 모든 믿는 자들에게 구원을 주시는 하나님의 능력이 됨이라"라고 말합니다. 이는 기독교리에 핵심적으로 중요하며 모든 그리스도인들의 동일한 신앙고백입니다. 주님은 우리 믿는 자의 구주십니다.

복음은 하나님의 영광입니다.

6절 "예수 그리스도의 얼굴에 있는 하나님의 영광을..." 바울은 두 가지 하나님의 빛을 설명합니다. 첫 번째의 빛은 창조의 빛으로 어두움을 몰아내고 사물을 보게 해 주었습니다. 두 번째 빛은 범죄로 인해 인간을 덮었던 영적 무지와 어두움을 몰아낸 예수 그리스도의 구원의 빛입니다. 바울은 이 설명을 그리스도 얼굴에 하나님의 영광이 있음이라고 선언해주고 있습니다. 인간은 첫째 아담이 범죄 후 하나님과 영적 교제가 끊어지고 죄와 죽음으로 어두움에서 방황하는 타락한 존재가 되었습니다. 죄로 인하여 영안이 어둡고 어두움에 얽매인 자들은 누구든지 자신의 자력과 의지로 하나님께 나아갈 수 없는 불가항력적 나약하고 무능한 자들입니다. 그러나 주님은 세상의 빛으로 오셨습니다. 타락한 인생은 어두움에 속한 자들이므로 알 수 없고 영접할 수 없었습니다. 요한은 요 1:9 "참 빛 곧 세상에 와서 각 사람에게 비추는 빛이 있었나니..." 그러나 세상이 그를 알지 못하였다 합니다. 죄의 무지, 무능 때문입니다. 그러나 주님은 인생의 죄와 질병, 죽음을 대신 짊어지시고 십자가 위에서 물과 피를 흘리시고 대속의 사역을 온전히 성취하셨습니다. 그러므로 바울은 하나님의 구원의 계획을 순종하신 주님은 그리스도 예수의 얼굴에 있는 하나님의 영광이라고 증거 합니다. 바울이 전하는 복음의 내용은 그리스도는 하나님의 형상이시며 우리 사람의 구주가 되시고 예수님의 얼굴은 하나님의 영광이 됨입니다.

보배로운 질그릇

고린도후서 4:7-11

바울은 질그릇을 비유합니다. 이는 진흙을 재료로 가마에 구워낸 용기입니다. 윤기가 없고 다소 무른 것이 흠입니다. 이는 연약한 인생, 무가치한 인간의 육신을 뜻합니다. 이 비유에 대해 바울은 자신과 성도들을 가리킵니다. 이는 인간의 육체가 갖는 한계성과 연약성을 나타내는 것이지만 그렇다고 해서 사람의 육체를 부정하거나 인간의 인격을 무시하는 것은 아닙니다. 더욱이 믿는 그리스도인은 주님을 영접하여 복음을 믿는 존귀하고 숭고한 자들입니다. 이를 바울은 '보배'라고 비유합니다. 곧, 복음은 보배로운 질그릇입니다.

하나님의 큰 능력을 담고 있기 때문입니다.

7절 "심히 큰 능력이 하나님께 있고..." 하나님과 그의 백성들은 토기장이와 진흙과 같은 관계입니다. 이사야 64:8 "... 우리는 진흙이요 주는 토기장이시니 우리는 다 주의 손으로 지으신 것이니라"라고 했습니다. 인생은 비록 연약한 인생이나 하나님이 지으신 그릇이라면 큰 능력이 있게 되는 것임을 말합니다. 그렇습니다. 인생은 연약합니다. 하나님이 도와주시고 붙들어 주셔야 합니다. 곧, 하나님은 그의 자녀들을 끝까지 지키시고 사랑으로 돌보십니다. 그러므로 질그릇 같이 연약한 인생이지만 늘 주만 의지하며 강건해야 합니다. 하나님은 온 백성 지으신 만왕의 왕이십니다. 그 자비하심은 영원히 변함없습니다.

세상에 4가지 시련을 이깁니다.

8-9절 "우리가 ① 사방으로 우겨쌈을 당하여도 싸이지 아니하며 ② 답답함을 당하여도 낙심하지 아니하며 ③ 박해를

받아도 버림받지 아니하며 ④ 거꾸러뜨림을 당하여도 망하지 아니함은...” 이 시련들은 신자들이 세상에서 당하는 고통이 얼마나 극심한가를 말해줍니다. 그러나 성도가 이러한 고난을 스스로는 감당할 수 없다 할지라도 질그릇 안에 보배, 곧, 복음의 능력, 주님이 보호하심이 있음으로 질그릇은 결코 깨질 수 없음을 언급합니다. 바울 역시 복음전파의 여정에서 자기를 지탱할 수 있었던 힘의 원천은 자신이 아니라 하나님이시라는 것입니다. 바울에게 있어 자신은 질그릇이라는 사실을 뼈저리게 절감하는 것이 자신이 가장 강해지는 비결이었던 것입니다.

질그릇은 예수의 생명을 나타냅니다.

10절 “... 예수의 생명이 우리 몸에 나타나게 하려 함이라” 이는 십자가의 고난까지 기꺼이 감내하는 성도들에게는 부활을 통한 궁극적인 구원이 이루어짐을 증거 합니다. 성도들은 주님의 부르심을 받은 자요, 주님과 연합된 자들로서 주가 우리의 생명이 되심을 고백합니다. 이 신앙으로 주를 따라 나아갈 때, 십자가 고난이 있을 때의 고통이 따른다 할지라도 그때야말로 성령이 역사해 주시어 우리 몸에 예수의 생명이 나타나게 될 것이라는 것입니다. 질그릇 같은 연약한 자를 쓰시는 하나님의 큰 힘이 우리에게도 있기를 기도합니다.

영원한 집

고린도후서 5:1-7

성도의 진정한 소망은 영원한 집, 하나님의 나라입니다. 매번 예배 전 사도신경을 고백합니다. "... 몸이 다시 사는 것과 영원히 사는 것을 믿사옵나이다"입니다. 그렇습니다. 신자는 주님이 죽으신지 3일 만에 사시어 부활하신 일을 믿습니다. 기독교회 신앙은 현실보다는 내세의 영원한 집, 기복보다는 신령한 세계에 소망을 갖습니다. 바울 역시 우리 성도에게는 하늘에 있는 영원한 집이 있다고 합니다. 영원한 집이 무엇일까요?

하늘에 있는 집입니다.

1절 "하늘에 있는 영원한 집이 우리에게 있는 줄 아노니…" 이 땅에 우리가 사는 집은 썩고 낡아지는 것처럼 인간의 육체도 마찬가지입니다. 그러나 부활의 몸으로 다시 태어나면 썩지 않습니다. 여기서 하늘에 있는 영원한 집은 주님이 요한복음 14:2에서 말씀하신 하늘에 있는 아버지의 집을 뜻합니다. "내 아버지 집에 거할 곳이 많도다" 이와 같이 성도는 영원한 집을 소망합니다. 여기에서 바울이 말하는 '하늘'은 세 번째 하늘을 뜻하고 있습니다. 히브리인들은 하늘을 3층천으로 봅니다. 첫 번째 하늘은 사람이 호흡하는 공기가 있는 공간인 대기권으로써 새가 날고 구름과 비, 이슬이 형성되는 곳입니다. 두 번째 하늘은 해, 달, 별 및 각종 천체가 붙어있는 공간, 즉, 광대한 우주로 봅니다. 세 번째 하늘은 보이지 않는 하늘, 곧, 하나님과 천사가 있는 곳이며 성도가 그곳에서 찬양하게 될 아버지의 집입니다. 그곳을 '낙원', '본향', "하늘나라", 새 하늘과 새 땅, 영원한 새 예루살렘입니다.

늘 소망하는 곳입니다.

2절 "간절히 사모하노라" 인간은 실존적으로 존재의 한계성과 무기력으로 영원한 해방과 자유를 갈구합니다. 썩어질 육체를 버리고 영원히 썩지 아니할 것을 덧입기를 소망하는 것입니다. 그리하면 인간은 이 세대를 끝내고 새로운 세대에 대한 무엇인가를 사모하게 됩니다. 바울은 영원한 집이 우리에게 있다고 합니다. 하늘로부터 오는 하늘에 있는 아버지의 집입니다. 성도는 늘 이 영원한 아버지의 집을 사모함이 간절한 것입니다. 구약에서는 하나님을 가족관계의 친밀한 용어 '아버지'라 부르는 것이 어려웠습니다. 그러나 신약에 와서는 하나님을 아버지라 부르는 것이 보편화되었고 주님도 하나님을 아버지로 부르셨습니다. 그러므로 신자도 하나님을 아버지라 부르는 것은 친밀한 가족관계에서 부르는 특권을 갖은 자가 되었습니다. 주님은 요 11:25절에 "나는 부활이요 생명이니..."라고 하셨습니다. 성도의 신앙은 부활입니다. 죽은 후 3일 만에 주님이 다시 사신 것 같이 예수님을 영접한 성도는 이미 부활 생명을 얻은 자들인 것입니다. 그러므로 성도의 소망은 유한 이 땅에 있을 수 없고 오직 영원한 아버지의 집뿐입니다. 이 소망은 반석 위에 굳게 서야 합니다.

성령이 보증하는 곳입니다.

5절 "이것을 우리에게 이루게 하시고 보증으로 성령이 우리에게 주신..." 하나님께서는 성도들의 육체나 죽은 자의 영혼이 부활의 몸으로 바꿔지도록 준비해 주셨습니다. 이를 성령이 보증합니다. '보증'은 헬라어 '알라본' 용어로 최종적 지불을 약속하는 '담보', '보증금'을 뜻합니다. 이는 성도들의 심령에 내재해 있는 성령은 보증자입니다. 이는 썩을 인간의 육체를 부활의 몸으로 대체시켜 주신다는 하나님의 은총의 보증이 되심입니다. 또한, 성령은 성도들을 날마다 새롭게 하며 말할 수 없는 탄식의 기도로 성도들의 기도생활을 도우십니다. 그러므로 바울은 엡 4:30에서 "하나님의 성령을 근심하게 하지 말라 그 안에서 너희가 구원의 날까지 인치심을 받았느니라"라고 증거 합니다.

새로운 피조물

고린도후서 5:17-21

새로운 피조물은 성령으로 거듭난 주님의 새 생명을 얻은 성도들을 총칭하는 것입니다. 즉, 인종과 성을 초월하여 누구라도 주의 죽음을 자신의 죽음으로 받아들여서 그리스도와 영적 연합을 이루면 새로운 피조물이 됩니다. 여기서 새로운 피조물은 헬라어 '크티시스' 단어로 창조의 행위라는 뜻입니다. 즉, 영의 사람, 주님의 새 생명을 얻은 자로 주님을 찬송하고 경배하는 영적 생활로 변화되어 경건한 자로 사는 것을 뜻합니다. 물론, 육의 몸을 입고 있고 동일한 세계에 살고 있으므로 육체의 욕심과 죄에 굴복당할 수 있는 연약성이 있습니다. 그럼에도 불구하고 주님의 세계에 있어 새로운 생활을 하게 됨으로 이전과 다른 생활인 영적 생활을 쫓

아 살게 되는 것입니다. 더욱이 중보적 사명을 위해 삽니다. 새로운 피조물은 무엇입니까?

화목하게 하는 직분을 받은 자들입니다.

16절 "… 우리에게 화목하게 하는 직분을 주셨으니…" 성도는 주님을 본받아 화목하게 하는 직분을 부여받은 자들입니다. 주님은 엡 5:2 "그는 우리를 위하여 자신을 버리사 향기로운 제물과 희생제물로 하나님께 드리셨느니라" 이 말씀처럼 우리를 위해 화목제물 되심을 본을 보이신 것입니다. 복음의 본질은 '화목'입니다. 곧, 주님이 자신을 버리고 십자가로 통하여 화목함을 이루셨습니다. 인간의 타락 후 하나님과 인간은 원수가 되었습니다. 그러나 주님이 십자가를 짊어지셨으므로 하나님과 인간 사이에 가로막은 담을 허무신 것입니다. 이후에 주님을 믿는 믿음으로 누구든지 하나님과 화평을 이루게 된 것입니다. 이는 곧, 예배입니다. 예배의 은총이 인간에게 최고의 행복됨이며 천국생활을 이 땅에서 먼저 체험하는 축복이 되는 것입니다. 이 화목하게 하는 직분이 복음의 직분이며 성도는 이러한 화목하게 하는 사명을 받는 중보적 역할을 주님처럼 따라 살며 본받아야 합니다.

화목을 위해서 말씀을 받은 자들입니다.

19절 "... 화목하게 하는 말씀을 우리에게 부탁하셨느니라" '화목', '화평'은 헬라어 '하이테네' 단어로 죄와 원수 된 관계를 벗어나 하나님의 사랑을 입은 관계로 진전되었다는 뜻입니다. 사실 화목은 인간의 이해관계로 이루어질 수 없고 오직 예수 그리스도를 믿는 칭의(의롭다)로 하나님과 화목을 이루게 되는 것입니다. 하나님과 인간이 화목될 수 있었던 근거는 칭의(의롭다)입니다. 칭의가 없이는 하나님과 인간은 화목을 이룰 수 없습니다. 거룩하신 하나님께서는 죄에 상태에 여전히 머무는 자에게는 진노의 채찍을 내리시나 의롭다 함을 얻은 칭함을 얻는 자에게는 하나님과 화목한 관계에 들어갈 수 있도록 은혜를 내려줍니다. 이 복음의 내용을 우리에게 오늘날도 주신 것입니다.

화목을 위한 사신이 된 자들입니다.

20절 "그러므로 우리가 그리스도를 대신하여 사신이 되어... 너희는 하나님과 화목하라" '사신'은 대리자, 청지기입니다. 즉, 바울의 사도직은 오직 주님의 화평의 메시지를 전파하는 데 있는 직분이라고 합니다. 바울은 말씀의 대리자가 자신의 의견과 경험, 비전을 전할 수 없다는 것이며 오직 화목하게 하신 주님을 전하는 것이 복음의 직분임을 설명합니다. 오늘도 사탄은 파괴하는 자, 망하게 하는 자, 분열, 당파를 일으키는 자입니다. 거짓을 앞세워 미혹하게 하며 교인들이 화목한 관계로 나아갈 수 없도록 훼방합니다. 바울은 고린도 교회 안에 영적 질병을 복음으로 치유하고자 서신을 보냅니다. 복음은 하나 됨이며 화목하게 함입니다. 이 복음의 내용의 주체는 오직 예수님이시며 성령의 역사입니다. 십자가는 화목하게 하심입니다. 곧, 참된 복음입니다.

사도의 직분

고린도후서 6:1-10

바울은 일부 고린도 교회 교인들이 자신의 사도권을 의심하고 부인함에 대하여 자신을 진정한 복음 사역자로 받아들이라고 권고합니다. 실제 바울 자신은 다메섹에서 주님의 부르심을 받았고 그 후 주의 죽으심과 부활을 증거 하여 인생의 구주는 오직 주님이시라는 것은 성령의 가르침과 능력으로 증인 되었다고 사도권을 변호하고 있습니다. 바울은 사도 직분을 맡음에 대하여 다음과 같이 말합니다.

은혜받은 자에게 주신 직분이라고 합니다.

1절 "우리가 하나님과 함께 일하는 자로서..." 누구든지 그리스도를 구주로 영접한 자는 주의 은혜를 받은 자입니다. 주 하나님께서 그의 아들을 보내사 이 벌레 같은 죄범한 인생을 구원하심은 우리 인생에게 공도가 있는 것은 아닙니다. 주님의 구속의 은혜로 인하여 되었으므로 우리에게는 자랑할 것이 없으며 하나님의 값없이 주신 은혜, 곧, 하나님의 선물인 것입니다. 바울 역시 이 은혜에 빚진 자로 평생 자신이 산 것은 주님이라 했던 것입니다. 갈 2:20 "... 내가 육체 가운데 사는 것은... 나를 위하여 자기 자신을 버리신 하나님의 아들을 믿는 믿음 안에서 사는 것이라" 이 구절로 바울은 하나님께로부터 사도 된 자임을 분명히 알 수 있습니다.

하나님의 일꾼으로 소명이 있는 자입니다.

4절 "오직 모든 일에 하나님의 일꾼으로 자천하여..." 사도 직분을 억지로 떠밀려서 하는 것이 아니라 자원하여 일하는 자라는 설명입니다. 이는 소명입니다. 곧, 하나님의 부르심을 받은 직무입니다. 이사야 선지 역시 이사야 6:8 "누가 우리를 위하여 갈꼬 그때에 내가 가로되 내가 여기 있나이다 나를 보내소서..." 부르심에 응답합니다. 오늘날도 소명의식은 주님이 주십니다. 소명이 없이는 주의 일을 감당할 수 없고 고난과 배고픔이 닥치면 포기하게 됩니다. 바울은 자신의 의지가 아닌 하나님의 부르심에 소명감이 있음을 밝히고 있습니다.

환난을 겪는 자입니다.

5절 "매 맞음과 갇힘과 난동과 수고로움과 자지 못함과 먹지 못하는 가운데에서도..." 바울은 종종 자신이 복음사역, 곧, 주 예수를 위한 일에 환난과 시련이 끊이지 않고 있음을 교회와 성도들 앞에 밝히고 있습니다. 더욱이 힘든 것은 외부로부터 오는 유대인들의 간계와 미움과 환경적, 물질적 궁핍으로 인한 것보다 교회 안에 거짓 교사들과 선동되어 바울을 비방하고 훼방하는 교인들로 인한 고통이 더 큰 것이라는 것입니다. 그렇지만 바울은 안과 밖의 환난을 주님이 함께 하심으로 피할 길을 주시고 감당하게 하심은 주의 은혜요, 복음의 능력을 나타냄이라 합니다. 고전 10:13 "사람이 감당할 시험 밖에는 너희가 당할 것이 없나니 오직 하나님은 미쁘사 너희가 감당하지 못할 시험당함을 허락하지 아니하시고 시험당할 즈음에 피할 길을 내사 너희로 능히 감당하게 하시느니라" 위 구절의 말씀과 같이 바울은 시험을 주님의 은혜와 능력으로 견뎠다고 합니다.

성도의 칭호

고린도후서 6:14-18

    바울은 성도들의 칭호를 설명합니다. 당시 고린도 교회 안에는 아직 영적으로 미숙하고 연약한 성도들이 있었습니다. 세속에 헬라 철학과 이방 신전에서 구별되지 못한 경우도 있었습니다. 이에 이미 구원받은 택한 자들은 거룩한 생활로 나아가야 할 것을 단호하게 말합니다. 성도의 칭호는 무엇입니까?

하나님의 성전입니다.

16절 上 "우리는 살아계신 하나님의 성전이라" 성도들의 몸은 하나님의 성전입니다. 바울은 이미 고전 6:19에서 "너희 몸은 너희가 하나님께로부터 받은 바... 성령의 전인 줄을 알지 못하느냐"라고 말합니다. '성전'은 헬라어 '나오스'로써 구약 성전에서도 하나님이 임재하시는 '지성소'를 뜻합니다. 성도들의 몸이 성령이 교통, 임재하시는 성전이라 할 때에 거기에는 우상이 있을 수 있는 여지가 전혀 없어야만 합니다. 더욱이 "지성소"는 성막구조 중에도 가장 안쪽에 있는 내실로써 십계명, 만나, 아론의 지팡이를 언약궤 안에 보관했던 것입니다. 휘장으로 성소와 구분되었고 오직 대제사장만이 일 년에 한 번 제사를 위해 들어갈 수 있었던 소중한 곳입니다. 그만큼 성도의 거룩성이 소중합니다. 물론, 믿지 않는 자들과 아주 상종을 할 수 없다고는 못합니다. 그러나 양자는 불경건한 생활을 병합할 수 없으며 운명을 같이 할 수 없습니다. 불신자에게 복음을 전합시다.

하나님의 백성입니다.

16절 下 "그들은 나의 백성이 되리라" 참 중요한 칭호입니다. 성도는 하나님의 백성이 된 특권을 가졌습니다. 군주는 백성을 지키고 보호합니다. 영토에 거주할 수 있도록 시민권을 줍니다. 큰 특권입니다. 미국의 영주권은 얻기가 어렵습니다. 예전이나 오늘날도 미국의 불법 체류자는 '유민'으로 머물고 있었으나 언제 추방될지 모르는 불안감 속에서 살아갑니다. 그러나 성도는 이미 하나님의 백성으로 하늘의 시민권을 얻는 특권을 얻었습니다. 바울은 빌 3:20 "우리의 시민권은 하늘에 있는지라"라고 했습니다. 이 땅에서 비록 행인과 나그네로 살아가고 있지만 성도는 하늘에 속한 시민권자입니다. 바울은 이 특권을 기뻐하여야 함을 전합니다.

하나님의 자녀입니다.

18절 "너희에게는 아버지가 되고 너희는 내 자녀가 되리라" 우리 육신의 부모도 자녀들을 사랑하며 보호합니다. 이 세상을 사는 동안 평생 믿고 의지할 이는 부모님이 절대적 보호자입니다. 비록, 나이가 들어 경제적 등으로 도움을 줄 수는 없어도 마음은 늘 변함없이 사랑합니다. 희생뿐입니다.

주님은 마 7:9절에서 "너희 중에서 자녀가 떡을 달라고 하면 누가 돌을 주고 생선을 달라고 하면 뱀을 줄 사람이 어디 있느냐 너희 중 악한 사람도 자녀에게 좋은 것을 줄 줄 알거든 하물며 하늘에 계신 아버지께서 더 좋은 것을 주시지 않겠느냐"라고 하셨습니다. 곧, 하늘에 계신 우리 아버지의 자녀 사랑하심은 전능하심입니다. 지상의 악한 아버지조차도 그들의 자녀들의 필요한 소원을 채워준다면 진실로 온전하시고 전능하신 아버지께서 그의 자녀들에게도 좋은 것으로 채워주심입니다. 정녕 하늘 아버지이신 하나님께서는 택한 자녀를 잊지 아니하심입니다.

사도의 권면

고린도후서 7:1-9

바울이 고린도 교회 교인들에게 무엇을 권면합니까? 고린도 교회 주변 환경은 세속적 문화와 교육, 철학, 수사학적 학문이 자랑거리가 된 교육 도시였습니다. 대체로 고린도 지역에 학문성은 아리스토텔레스, 플라톤의 헬라 철학입니다. 이에 신전이 많고 여사제(창녀)들이 1,000명 이상이 있었습니다. 불경건한 죄악성으로 난무한 곳입니다. 이러한 도시에 세워진 고린도 교회 교인들에게 바울은 권면합니다.

거룩함을 이루라입니다.

1절 "... 육과 영의 온갖 더러운 것에서 자신을 깨끗하게 하라" 하나님의 성전으로서 성도에게 요청되는 것은 거룩함입니다. 왜냐하면 하나님께서 거룩하시기 때문에 하나님께서 거할 성전도 깨끗해야 합니다. 성도에게 능력은 거룩성입니다. 여기에서는 믿음의 능력, 담대함이 비롯됩니다. 성경에 '거룩'이라는 단어는 헬라어 '하기오스'이며 신약성경 전체에 229회가 나옵니다. '거룩'이라는 덕목이 하나님 백성에게 얼마나 중요하다는 것을 뜻합니다. 그런데 이 "거룩함"은 일회성으로 완성되는 것이 아니라 성결, 경건 생활을 끊임없이 함으로 얻어집니다. 세속에서 찌든 습성이 하루아침에 없어질 수는 없습니다. 그래서 사도 바울 역시 고전 15:31절에서 "나는 날마다 죽노라" 부단한 자신과 영적 싸움이 있음을 말합니다. 더욱이 고린도 교회 교인들은 얼마 전까지만 해도 우상신전에서 나온 음식을 함께 나누고 이방인 사원에서 열린 축제, 의식에 참여했던 회원이었다는 사실입니다. 그러므로 세속에서 음행, 더러운 것, 호색에 직간접 영향을 받았으므로 영적 경건을 권면합니다.

주의 종들을 영접하라입니다.

2절 "마음으로 우리를 영접하라..." 고린도 교회 내에는 분파가 있었습니다. 바울파, 아볼파, 게바파, 그리스도 파입니다. 교인들은 자신들이 좋아하는 지도자를 추종하지만 다른 지도자들에게는 편파적이고 비협조적입니다. 이에 바울은 권면합니다. 모든 주의 종들은 동일한 하나님의 종이며 모든 주의 종들을 영접하라는 것입니다. 단, 임무와 역할만 다를 뿐입니다. 바울은 자신의 사도권을 부인하는 반대파에게 스스로 변호합니다. 우리가 누구에게 불의를 해롭게 속여 빼앗는 일이 없었는데 영접하여 달라고 권면합니다. 목회자와 성도는 모두가 함께 살고 함께 죽는 지체의식을 요청합니다.(3절)

디도의 방문이 기쁨이 되었습니다.

6절 "디도가 옴으로 우리를 위로하셨으니..." 디도가 바울에게 와서 기쁜 소식을 전하여 줍니다. 첫째로 고린도 교회 성도들이 바울의 조력자 디도를 환대하게 대접해 주었습니다. 그래서 바울은 의기소침한 중 자신감을 회복할 수 있었던 것입니다. 또한, 고린도 교회 성도들이 바울의 서신에 긍정적 응답을 준 것입니다. 바울은 기뻐했습니다. 그의 사역에 이렇게 큰 위로가 어디 있겠습니까? 고린도 교회 성도들의 반응은 바울을 대면하고 싶고 자신들의 어리석음에 대한 뉘우침이었습니다. 성도들은 순수한 마음을 가진 자들이요 잘못된 가르침으로 잠시 길을 잃었던 것입니다. 이는 복음의 능력, 성령이 하신 일입니다.

온전한 연보

고린도후서 8:1-9

바울은 마케도니아 교회 성도들을 소개합니다. 무엇보다 더 온전한 연보에 대한 교훈으로 성도의 헌금관에 대하여 증거 합니다. 마케도니아 교회들은? 마케도니아는 현재 그리스 북쪽 발칸반도로써 동쪽으로는 빌립보에 이르는 지역을 가리킵니다. 이곳은 BC148 이후부터 로마 영토로써 이곳 지역 교회들은 빌립보, 데살로니아, 베뢰아 교회를 가리킵니다. 바울은 이 마케도니아 교회들의 본이 되는 헌금을 봉헌함에 대하여 소개합니다.

풍성한 연보를 봉헌했습니다.

2절 "그들의 풍성한 연보를 넘치도록 하게 하셨느니라" 당시 마케도니아는 로마의 지배하에 있었으므로 금광, 선박, 농업, 광업, 목재 수입원을 로마인들에게 바치므로 구조적으로 가난을 겪고 있었습니다. 이러한 악조건 속에서도 "풍성한 연보"를 하였다는 것은 주님께 드리는 헌금의 기본 태도는 마음의 순수함에서 비롯되어야 하는 것임을 말해줍니다. 즉, 가난함으로 주님께 인색함의 동기가 되지 않았음은 주님께 드리는 온전한 연보임을 기뻐 증거 합니다.

자원하여 드리는 연보입니다.

3절 "... 힘에 지나도록 자원하여..." 바울이 보기에 마케도니아의 교인들은 기대 이상으로 연보를 드렸습니다. 그들은 강요에 의하거나 명령에 의한 것이 아니라 스스로 자원하여 헌금을 드린 것입니다. 더욱이 모든 교회의 모 교회인 예루살렘 교회가 흉년으로 성도들이 가난으로 어려워졌고 지역적으로 가난한 사람들이 도시로 모여들어 궁핍했습니다. 그러나 마케도니아 교인들은 자신들도 물질적 궁핍 중에서도 더 어려운 이웃을 위해 구제 헌금에 기꺼이 참여함입니다. 풍성한 연보, 자원함으로 드리는 연보는 그들의 사랑이 진실함을 보여주는 것입니다.

모든 일에 풍성함입니다.

6절 "모든 일에 풍성한 것 같이..." 마케도니아 교인들의 신앙적 특징은 손이 크다는 것입니다. 바울은 모든 일에 아낌없이 헌신하라 합니다. 비록 물질적으로 자신들도 넉넉하지 못한다 할지라도 손을 넓게 펴서 더 어려운 교회와 이웃에게 큰 손이 되는 것입니다. 큰 감동입니다. 조막손, 움켜쥔 손은 주어 담기만 하고 펴지 못하는 손입니다. 냉장고의 오래된 떡도 곰팡이가 피어납니다. 오래된 샘터도 오염됩니다. 마실 수 없는 물입니다. 유다의 헬몬산은 2,815m입니다. "눈의 산"이라 불리는 헬몬산은 북쪽에서 남쪽으로 약 30km에 걸쳐 뻗어 있습니다. 성경에는 시돈 사람들은 '시론'으로(시 29:6), 아모리 사람들은 '스닐'로 불렀습니다.(신 3:9) 헬몬산의 최고봉에는 늘 눈이 쌓여 있고 눈이 녹아내리면서 요단강으로 흘러내리고 다른 쪽으로는 사해로 흘러갑니다. 요단강의 물은 갈릴리 바다와 서로 주고받으므로 여러 고기들이 사는 황금어장입니다. 반면, 사해 물은 받기만 하고 내보내지 않으므로 염분의 바다로 죽은 바다로 불리게 된 것입니다. 그리스도인의 삶도 주님의 받은 은혜를 풍성히 나누는 것은 오히려 더 많은 것을 얻은 비결이 됩니다. 그리스도 안에서 관용적 마음을 품는 것은 곧, 그리스도의 마음입니다. 주님은 모든 일에 풍성함을 주십니다. 9절 "우리 주 예수 그리스도의 은혜를 너희가 알거니와 부요하신 자로서... 너희로 부요하게 하려 하심이니라" 주님은 우리를 부요하게 하십니다.

풍부한 비결

고린도후서 9:1-8

바울은 전장에 이어서 연보에 대한 언급을 합니다. 그만큼 하나님께 봉헌하는 일은 성도가 살아가면서 소중한 일이며 하나님이 기뻐하시는 믿음이 되기 때문입니다. 바울은 어떠한 믿음의 중심으로 연보를 해야 한다는 교훈을 고린도 교회 성도들에게 전해 주고 있습니다. 바울은 참 연보에 대하여 말합니다.

준비된 연보입니다.

5절 "... 이렇게 준비하여야 참 연보답고 억지가 아니니라"

바울은 왜? 준비된 연보를 언급합니까? 곧, 고린도 교회 교인들이 하나님 앞에서 물질관, 곧, 헌금관에 대하여 바른 인식과 태도가 결여되었기 때문입니다. 그래서 8장에 이어 계속 연보에 대해 다루고 있습니다. 곧, 연보는 믿음의 척도입니다. 주님은 마 6:21절에서 "네 보물이 있는 그곳에 네 마음도 있느니라"라고 말씀합니다. 즉, 준비되지 않는 연보는 마지못해 정성이 결여된 것이므로 진정한 의미의 연보가 아닌 것입니다. '연보'의 헬라어는 '율도기안'으로 "후한 선물", '축복'의 뜻입니다. 즉, 연보를 드리는 자에게도 축복이 됨입니다. 연보는 주님을 사랑하는 신앙적 발로라 할 수 있습니다.

심는데로 거둡니다.

6절 "적게 심는 자는 적게 거두고 많이 심는 자는 많이 거둔다 하는 말이로다" 이는 연보가 축복의 비결, 풍부의 비결이라는 언급입니다. 농사하는 농부가 많이 뿌리면 많이 거둔다는 추수 비유를 통하여 하나님의 축복의 원리도 마찬가지

임을 설명합니다. 반면, 물질에 대해 과도하게 아껴도 또한, 인색해도 가난하게 되는 경우가 허다합니다. 잠 11:24 "흩어 구제하여도 더욱 부하게 되는 일이 있나니 과도히 아껴도 가난하게 될 뿐이니라"라고 합니다.

즐겨내면 넘치도록 얻습니다.

7절 "하나님은 즐겨내는 자를 사랑하시느니라" 연보의 기본적 믿음의 자세는 즐거움입니다. 왜냐하면 하나님은 각 사람의 마음을 보시기 때문입니다. 마음에 내키지 않으면서 내는 연보는 진정한 믿음이 아닙니다. 성경적 헌금은 하나님께 보답과 감사의 응답으로 드리는 것입니다. 시 96:8 "예물을 가지고 그 궁전에 들어갈지니라" 곧, 연보는 우리 전부를 하나님께 드리는 헌신과 희생의 표시가 됩니다. 즉, 연보의 정신은 하나님으로부터 받은 은혜에 감사하여 하나님께 정성으로 드리는 예물입니다. 단순히 하나님께 복 받기 위한 뇌물성이 될 수 없는 것입니다. 이미 받은 구속의 은총에 대하여 하루하루 먹을 것, 마실 것, 입을 것을 채우시는 사랑에 믿음과 전인격인 감사의 제사가 됩니다. 그러므로 연보는 돈이 아닙니다. 연보에는 우리의 시간과 노력, 정성과 땀 등이 포함되어 있는 것입니다. 이는 성경적 연보의 의미입니다.

성도의 무기

고린도후서 10:1-10

성도의 가장 큰 적수는 영적 싸움의 대상인 마귀이며 그의 졸개들 귀신의 영입니다. 이 영적 세력은 인류 시조를 범죄 하게 하였으며 인간을 타락한 존재로 불행하도록 한 장본인입니다. 오늘도 인류를 미혹하게 하고 유혹하게 하여 범죄 하도록 합니다. 그러나 이 어둠의 세력은 하나님이 주시는 영적 능력으로만 이길 수 있습니다. 성도의 무기는 무엇일까요?

하나님의 능력입니다.

4절 "우리들이 싸우는 무기는 육신에 속한 것이 아니요 오직 어떤 견고한 진도 무너뜨리는 하나님의 능력이라" 바울은 영적 싸움의 승패는 인간에게 속한 것이 아니라고 합니다. 즉, 세상적 학문, 수사학, 언변, 외모, 권세 등으로 이길 수 없습니다. 오직 의의 병기인 하나님의 말씀과 성령의 능력으로만 이기게 됩니다. 바울은 엡 6:11 "마귀의 간계를 능히 대적하기 위하여 하나님의 전신갑주를 입으라"라고 말합니다. 곧, 기도와 말씀입니다. 이는 하나님의 전신갑주를 말합니다. 싸움에 나가는 병사들은 완전군장 20kg 장비를 기본적으로 갖춥니다. 물론, 다른 장비도 더 필요합니다. '마귀'는 헬라어 '디아볼로소'로 분열의 우두머리를 뜻합니다. 이 적대세력과 졸개들은 그리스도인 개인은 물론 교회를 분열시킵니다. 그렇기 때문에 기도와 말씀으로 영적 싸움의 무장을 반드시 갖추어야만 합니다. 하나님이 능력을 주십니다.

협력하여 세우는 일입니다.

8절 "주께서 주신 권세는 무너뜨리려고 하신 것이요 세우려고 하신 것이라" 마귀의 속성은 분열입니다. 이 악한 속성에서 미움, 증오, 이간, 저주, 욕설 등의 악한 감정이 나옵니다. 주님은 사람을 더럽게 하는 것은 입으로 들어가는 것이 아니라 마음에서 나오는 것들이라고 하십니다. 마 15:18 "입에서 나오는 것들은 마음에서 나오나니 이것이야말로 사람을 더럽게 하느니라" 육신의 생각과 감정, 또한, 육신의 망령된 행실들로 하나 되지 못하고 뜻을 함께하지 못하는 것입니다. 그러나 주님은 자신의 몸을 십자가에 내놓으심으로 그 흘리신 물과 피로 그의 몸 된 교회를 세우신 것입니다. 마귀가 하나님과 인간, 인간과 인간, 또한 자신의 영과 육을 분리하게 했습니다.

복음입니다.

10절 "그들의 말이 그의 편지들은 무게가 있고 힘이 있으나 그의 몸... 그 말도 시원하지 않다 하니..." 이 말은 고린도 교회 교인들의 말입니다. 곧, 바울에 대한 평판입니다. 이 평판은 무슨 뜻입니까? 고린도 교회 교인들은 바울의 복음을 서신으로 보낸 것을 읽을 때 크게 감동되었으나 바울을 직접 보았을 때는 실망스러울 정도의 모습이며 말도 어눌한 것으로 본 것입니다. 즉, 복음만이 능력이 있고 힘이 있는 것입니다. 바울 역시 지혜, 말로 하지 아니하고 오직 성령의 능력과 나타남으로 복음사역을 한다고 자신의 약점을 알고 있는 것입니다. 복음만이 희망, 생명, 능력입니다.

사도의 직무

고린도후서 11:1-10

바울은 하나님을 위한 열심은 남달랐습니다. 그것은 평생에 주님께 빚진 자로서 채무감 때문이었습니다. 그가 다메섹에서 회심 후 예루살렘 공회에서 바나바와 함께 선교사로 파송이 된 후 3차 선교여행까지 공적 임무를 마쳤습니다. 그러나 로마에 가서 복음을 전파하며 순교했습니다. 바울 스스로 말한 것처럼 자신이 모든 사도보다 더 수고를 하였다 할지라도 그것은 오직 하나님의 은혜라고 "은총론"을 말했습니다.(고전 15:10) 더욱이 고린도 교회를 위한 그의 열심은 무엇입니까?

그리스도께로 중매함입니다.

2절 "내가 너희를 정결한 처녀로 한 남편인 그리스도께 드리려고 중매함이로다" 무슨 뜻입니까? 바울은 구약에 나타나는 하나님과 이스라엘과 혼인 관계를 비유합니다. 곧, 복음은 믿는 자들을 주님께로 중매하여 약혼시키고 있다는 것을 암시합니다. 복음사역은 중매쟁이와 같은 역할입니다. 사탄의 꾐에 빠진 인생을 구하려 이 땅에 오신 주님께로 나오도록 인도해 내는 사역이 복음의 중매입니다. 사실 중매의 역할은 어렵습니다. 중매를 잘하면 본전이고 못하면 원망을 듣습니다. 마찬가지입니다. 복음의 중매도 성령의 능력이 아니면 이룰 수 없는 것입니다. 때론 희생이 따릅니다. 한국 교회사의 첫 번째 선교사인 토마스 선교사는 1866년 대동강에서 순교하면서 쪽 복음서를 강변에 던졌습니다. 그는 포졸 박춘권의 칼에 맞아 숨을 거두었으나 후에 박춘권은 그리스도인이 되었습니다. 복음의 전도자는 중매쟁이입니다. 주님께로 인도하던 사도들처럼 주의 복음을 증거 하는 사명이 모든 성도에게 있는 것입니다.

미혹에 빠지지 않도록 지켜줍니다.

3절 "그리스도를 함께 하는 진실함과 깨끗함에서 떠나 부패할까 두려워하노라" 이 말은 고린도 교회 교인들을 염려해서 하는 말입니다. 당시 고린도 교회 교인들은 외·내부적으로 바르지 못한 가르침으로 인해 순수 복음에서 떠나 있었습니다.(4절) 이는 뱀이 하와를 미혹(꾐)한 것과 동일합니다. 사탄은 뱀을 대리인으로 하여 하와가 선악과를 따먹게 하고 하나님을 배반하게 하여 인간을 타락하게 한 것입니다. 당시 고린도 교회 안에는 거짓 사도들이 들어와서 다른 예수를 전파하였는데 오히려 참 복음의 가르침보다 거짓 가르침에 영향을 받는 기이한 현상이 일어납니다. 바울은 이 점을 가장 염려합니다. 바르지 못한 가르침의 영향은 제대로 회복하기까지는 어렵지만 바울은 성도들을 위해 해산의 수고를 합니다.

누를 끼치지 않습니다.

9절 "... 내가 모든 일에 너희에게 폐를 끼치지 않기 위하여..." 진실한 종들은 자신을 희생합니다. 수고와 헌신이 큽니다. 성도들에게 부담을 주려고 하지 않습니다. 그러나 삯꾼이나 거짓 사도들은 성도들을 이용합니다. 자기 도구로 사용합니다. 비인격적이고 폭력적입니다. 그러나 인기가 더 있습니다. 기이한 현상입니다. 바울은 나름대로 생활비를 벌어서 생계를 유지했습니다. 그러나 그의 본업은 복음전파입니다. 비록 수입이 넉넉하지 않은 생활이나 교인들에게 사도의 권위와 권리를 앞세워 생활비와 후원금을 언급하지 않았던 것입니다. 이러한 바울의 진정함과 헌신이 거짓 사도와는 비교됩니다.

거짓 그리스도

고린도후서 11:10-15

어느 시대든지 진짜가 가짜 같고 가짜가 진짜 같은 혼란스럽고 거짓된 일이 있게 됩니다. 그런데 가짜와 거짓이 더 진짜같이 둔갑합니다. 무엇보다도 사람들은 오히려 가짜와 거짓에 따르고 현혹당합니다. 더 좋아합니다. "선지자들은 거짓을 예언하며 제사장들은 권력으로 다스리며 내 백성은 그것을 좋게 여기니…"(렘 5:3), 바울이 고린도 교회 교인들에게도 거짓 그리스도를 경계시키며 정체를 밝혀줍니다. 거짓 그리스도는 무엇입니까?

자기를 자랑하는 자들입니다.

12절 "그 자랑하는 일로..." 바울은 그의 자랑은 오직 주님이요 십자가뿐이라 합니다. 갈 6:14 "내게는 우리 주 예수 그리스도의 십자가 외에는 결코 자랑할 것 없으니..." 이는 오직 인간의 구원은 십자가를 통해서만이 되어진다는 "은총론"을 고백합니다. 구원의 은총은 십자가의 공으로 이루어짐입니다. 주 하나님께서 정하신 뜻대로 이 벌레 같은 나를 위하여 아들을 보내사 십자가의 물과 피를 흘리심으로 구속하셨습니다. 이는 인간의 자랑과 공로가 아닙니다. 오직 하나님의 은혜이며 선물입니다. 그러나 거짓 그리스도는 자신을 우상화하여 추종하게 합니다. 십자가를 증거 하지 않고 자기 체험, 미신적으로 영향을 줍니다. 그리고 자신이 그리스도라고 허무맹랑한 말을 하나 사람들은 미혹을 받습니다. 자기 과시, 허영, 공명심으로 자랑합니다. 고린도 교회 안에 침투한 거짓 그리스도들이 적지 않게 있으며 추종합니다.

사도로 가장합니다.

13절 "... 자기를 그리스도의 사도로 가장하는 자들이니라" 이들은 마치 멋있는 사도로 둔갑합니다. 거짓 사도들은 자칭 그리스도의 사도라고 하지만 사실 그들은 바울이 전한 것과 다른 복음, 다른 영, 다른 예수를 전해 진정한 그리스도로부터 멀어지게 만드는 사탄의 대리자들입니다. 바울이 이처럼 단정적 표현을 사용하는 것은 그리스도의 계시를 받고 성령의 능력으로 사역을 하는 자신(바울)을 대적하고 복음을 부인했기 때문입니다. 거짓 사도들은 성령이 없는 육의 사람들이요 혈기와 분에 찬 자들이고 물질을 탐하는 자들이요 물질의 노예입니다. 바울은 자비량 사역을 하면서 교회와 성도들에게 부담을 주지 않았으며 무슨 일을 하든 물질의 대가를 바라지 않았던 것입니다.

사탄의 일꾼입니다.

14절 "사탄도 자기를 광명의 천사로 가장하나니..." 바울이 거짓 사도들을 단정함은 거짓과 외식, 간사함, 간교한 처세술로 사람의 마음을 지배하며 농락합니다. 이는 거짓을 숨기려는 변장술에 불과합니다. 사탄도 광명한 천사로 가장합니다. 묵시문학 모세의 묵시록 17:1에 하와의 회상에서 천사들이 하나님을 예배하는 곳에 사탄이 천사의 모습으로 나타나 천사처럼 찬송을 불렀다고 합니다. 영 분별을 해야 합니다. 요일 4:1 "사랑하는 자들아 영을 다 믿지 말고 오직 영들이 하나님께 속하였나 분별하라 많은 거짓 선지자가 세상에 나왔음이라" 영 분별은 지금도 계시를 주장하거나 신·구약을 부인하고 교주를 우상화하며 비인격적, 비도덕적, 반사회적이고 세상의 복을 추구하는 기복적인 영이라면 바른 정상적인 모임이 아닙니다. 사이비, 이단 분파의 집단일 수 있습니다.

고난의 회상

고린도후서 11:23-33

바울은 고난을 회상합니다. 다메섹에서 주님을 영접한 후 복음을 위한 사역은 끝없는 험한 세월을 지나게 됩니다. 그의 생애에서 바울의 선교여행은 1차 AD47-78, 2차 AD50-52, 3차 AD53-56에 있었으며 AD59년 로마 선교여행에서 2차 투옥과 AD67년에 순교를 했습니다. 바울의 복음사역 기간은 약 20년으로 그의 사역은 숱한 시련의 기간이었고 하루가 멀다 하고 핍박을 받았으나 하나님은 그의 고난을 통하여 기독교 역사에 소중한 '본'을 보였습니다. 바울의 회상은 무엇입니까?

수 없는 위험을 당했다고 합니다.

23절-27절 "유대인들에게 사십에서 하나 감한 매를 다섯 번 맞았으며..." 바울의 사역은 평범하지 못했습니다. 상상할 수 없는 고생이 계속되었습니다. 옥에도 7번 갇혔고 수없이 맞고 죽음의 위협이 있었던 것은 주님이 고난 받으신 십자가의 도와 동일했습니다. 주님은 구속사의 일을 성취하였고 바울은 기독교 사에 복음 증거의 놀라운 업적을 이룬 것입니다.

늘 교회를 염려합니다.

28절 "내 속에 눌리는 일이 있으니 곧 모든 교회를 염려하는 것이라" 바울은 그의 사역 중에서 가는 곳마다 교회가 세워졌습니다. 자신의 능력으로 이루어진 것이 아니라 온전한 성령의 능력과 전적 은혜로 이루어졌습니다. 곧, 하나님이 하신 것입니다. 바울이 세운 교회들을 다 알 수 없지만 갈라디아 교회, 데살로니아 교회, 고린도 교회, 골로새 교회, 에베소 교회, 빌립보 교회, 여러 로마 교회 등입니다. 그러나 바울은 어디를 가든지 교회와 성도들을 위한 기도와 간구가 끊이지 않았던 것입니다. 더욱이 환난, 박해, 시험이 큰 교회에 대해서는 염려가 더 있었습니다. 대표적인 교회가 고린도 교회입니다. 바울이 세운 교회 중에서 고린도 교회만큼 시험이 많았던 교회는 없었습니다. 교회 내 분파, 이혼문제, 우상숭배, 성도 간 고발 건 등 교회 내에서의 사건이 큰 염려가 된 것입니다.

죽음의 위험에서 탈출했습니다.

33절 "나는 광주리를 타고 들창으로 성벽으로 내려가..." 무슨 사건입니까? 바울의 선교여행 중 다메섹에서 일어난 바울을 죽이려는 소동입니다. 큰 죽음의 위험입니다. 다메섹에서 일어난 사건은 다음과 같습니다. 바울이 주님을 영접한 후 다메섹 회당에서 복음을 증거 하였습니다. 예수는 우리 주이시며 하나님의 아들이심을 전파했습니다. 그 광경을 본 유대인들은 바울을 죽이려고 밤낮 성문을 지켰습니다. 그러나 제자들이 밤에 광주리에 바울을 담아 성벽에 달아 내리어 죽음의 위험에서 벗어나게 합니다.(30절) 바울은 이 죽음의 고비를 잊을 수 없고 큰 위험에서 건져주신 것을 회상합니다. 그 시기 다메섹의 왕은 '이레다' 왕이었습니다. 그의 통치 기간은 BC9년에서 AD40년까지입니다. 행정편제는 로마 통치 관할에 속하였다 할지라도 행정장관은 유대인 출신이며 경비병도 유대인들로 구성되었으므로 바울을 잡아 죽이고자 함에 어렵지 않은 권력이 있었습니다. 그러나 하나님은 바울을 위험 속에서 벗어나게 하심입니다.

사단의 가시

고린도후서 12:7-10

바울은 자신의 육신에 사단의 가시가 있다고 합니다. '가시'는 헬라어 '스콜롭스' 단어로 파편, 말뚝 등의 의미를 갖습니다. 이 육신의 가시는 그의 사역에 있어서 여러모로 방해가 되는 요인이었습니다. 학자들은 대체로 바울이 지닌 가시를 육신이 연약한 것으로 봅니다. 간질, 두통, 신경쇠약, 안질, 어눌한 언변, 보잘것없는 외모, 신경질적 성격입니다. 이러한 연약성을 바울 스스로가 알고 있었으며 이를 위해 작정기도를 했습니다. 그러나 육신의 가시가 떠나지 않습니다. 왜? 사단의 가시가 있는 것은 무슨 의미입니까?

자만하지 않게 하심입니다.

7절 "나를 쳐서 너무 자만하지 않게..." 바울은 엄청난 계시를 경험했습니다. 그에게만 주어진 특수한 은총이 그를 교만하게 할 수 있었을 것입니다. 하나님은 바울이 그런 식(자만)으로 실족하지 않기를 바라신 것입니다. 사람은 누구에게나 자만하게 되는 타락된 속성이 있습니다. 십중팔구 잘 되면 올챙이 시절을 잊습니다. 배고픈 시절을 잊고 배부르면 교만해집니다. 하나님을 배반하고 잊습니다. 어리석은 방종입니다. 하나님은 언제나 겸손한 자를 기뻐하십니다. 오늘날 나에게도 어쩌면 사단의 가시가 있다면 겸손히 하나님을 의지하는 자로 살도록 하심입니다. 낙심하지 맙시다. 교만하지 않는 것이 내게도 은혜입니다.

능력이 떠나지 않게 함입니다.

9절 "이는 그리스도의 능력이 내게 머물게 하려 함이라" 바울은 사단의 가시를 빼주시기 위해서 3번의 작정기도를 했습니다. 8절 "내가 세 번 주께 간구하였더라" 세 번이라는 숫자는 일정하게 여러 번 반복하여 드리는 기도임을 알 수 있습니다. 작정기도입니다. 어찌 되었던 바울은 그 고통스러운 질고를 벗어나고자 기도했습니다. 성도는 밝을 때에 찬송과 어두울 때에 기도와 위태할 때에 도움을 주께 간구함입니다. 기도는 응답이 있습니다. 고아들의 아버지 조지 뮐러는 기도의 응답 3가지를 말합니다. 1. yes, 2. no, 3. wait입니다. 어떠한 경우에도 기도는 응답을 받습니다. 바울에게도 그의 몸의 질고는 더 이상 악화되지도 않고 오히려 주심의 능력으로 사역을 이룰 수 있음을 보여줍니다.

주님을 위한 기쁨입니다.

10절 "내가 그리스도를 위하여 약한 것들과 능욕과 궁핍과 박해와 곤고를 기뻐하노니..." 바울은 주님의 종으로서 그의 믿음은 늘 주님을 위함입니다. 갈 2:20 "내가 육체 가운데 사는 것은..." 자기를 버리신 하나님의 아들을 믿는 믿음 안에서 사는 것이라고 했습니다. 곧, 주를 위하여 사는 것이

'기쁨'이라고 합니다. 만일 죄가 있어 매를 맞으면 무슨 칭찬이 있겠습니까? 그러나 죄가 없어도 주를 위하여 매를 맞으면 상이 있습니다. 곧, 이 땅에서는 기쁨이며 주 앞에서는 면류관입니다. 주 안에서 누리는 행복입니다. 초대교부 중 서머나 교회의 폴리갑은 사도 요한의 제자입니다. 나이가 많은 그는 화형대 위에서 "네가 만일 예수를 모른다고 부인하면 살리겠다고" 사형 집행관이 제안을 했으나 지난 86년 동안 주님은 한 번도 나를 모른 척하지 않으셨는데 내가 어떻게 주님을 부인하겠느냐고 장작더미 위에서 흐트러지지 않고 답변을 했습니다. 그의 신앙을 본받은 서머나 교회는 아시아 7교회 중에서 칭찬을 받은 교회였습니다. 계 2:9 "내가 네 환난과 궁핍을 알거니와 실상은 내가 부요한 자니라..." 주님을 기쁘시게 한 교회이며 성도들이었습니다. 금보다 귀한 믿음은 참 보배입니다. 이 진리를 믿는 자는 하나님의 복을 받은 자입니다.

마지막 권면

고린도후서 13:1-10

바울은 고린도 교회 교인들에게 마지막 서신을 띄우며 권면합니다. 그는 고린도 교회를 이미 두 번째 방문하였고 교회 외·내부를 소란하게 하는 죄악을 경고했다고 합니다. 그러나 회개하고 돌이키지 아니하면 대적자들을 출교 하겠다고 권고하는 것입니다. 바울은 실제로 대면하면 우유부단하고 결단력도 부족한 면이 있음을 보여주고 있다 할지라도 바울을 세우신 하나님께서 지금까지 역사하심입니다. 바울이 육체적으로 약한 것은 그의 사도적 능력이 큰 것과 별개입니다. 그의 육체의 약함을 통하여 하나님의 강하심이 나타났기 때문입니다.(4절) 바울의 마지막 권면은 무엇입니까?

믿음에 있는가를 권면합니다.

5절 "너희가 믿음에 있는가... 너희 자신을 확증하라..." 바울은 두 가지 고린도 교회 교인들에게 잘못을 시정하라고 합니다. 왜냐하면 복음의 말씀 안에 거하지 않고 거짓 교사, 거짓 그리스도에게 현혹된 것입니다. 또한, 주의 말씀으로 자신을 돌아보지 못하는 믿음의 미숙함입니다. 바울은 이러한 점을 돌아보고 처음 순수한 믿음을 확증하라고 견제시킵니다. '확증'은 헬라어 '도키마세테' 단어로 제련소에서 금과 불순물을 선별하듯 말씀으로 자신의 믿음을 순수함으로 철저하게 점검하라는 것입니다. 이는 자기 안에 그리스도가 없음을 모르는 사람은 사실 순수한 믿음에 있어 낙제자이며 교회 내 분란만 일으키는 자인 것입니다.

버림되지 않기를 권면합니다.

6절 "우리가 버림받는 자 되지 아니한 것을... 내가 바라고..." 고린도 교회 교인들은 그곳 교회를 개척한 바울을 통하여 그들의 믿음 생활이 시작되었습니다. 그러나 현시점에서 바른 믿음의 기초에서 떨어져 나아가 스스로 범죄하고 있었음을 가슴 아파합니다. 진실로 권면하는 개척자 바울의 사도권을 다시 인정하고 믿음의 근원 되시는 주님 안에 거하기를 진정으로 권면합니다.

온전한 믿음으로 굳게 서기를 권면합니다.

9절 "... 이것을 위하여 구하니 곧 너희가 온전하게 되는 것이라" 바울은 주님의 심정으로 교회가 진리 되신 주님의 터 위에 굳게 서고 성도들의 믿음도 온전하여 성숙하게 되기를 바라는 것입니다. 사도 바울이 바라는 것은 믿음의 길에서 교인들이 낙오되지 않고 늘 참된 그리스도인으로 순수하게 남아 있는 것입니다. 영적으로 온전하게 되기를 원하는 사도의 권면입니다. 그동안 잘못된 가르침에서 돌이켜서 바른 믿음으로 서서 죄악으로부터 회개하고 벗어나야 진정한 성도가 된다는 것을 권면하면서 결론을 맺습니다.